Virich de Nideck

LÉGENDE

Auguste JUDLIN

Prix : Un franc.

PARIS

BERGER-LEVRAULT ET Cⁱᵉ, ÉDITEURS

5, RUE DES BEAUX-ARTS, 5

MÊME MAISON A NANCY

1881

Virich de Nideck

LÉGENDE

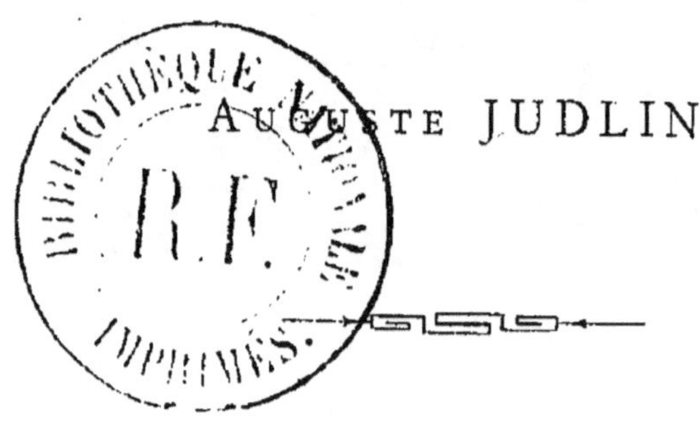

Auguste JUDLIN

PARIS

BERGER-LEVRAULT ET Cie, ÉDITEURS

5, RUE DES BEAUX-ARTS, 5

MÊME MAISON A NANCY

1881

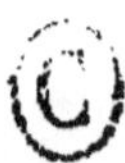

Tiré à 400 exemplaires.

VIRICH DE NIDECK

UNE AUBERGE A OBERHASLACH. — 1803.

La maîtresse, Mme Ottmann, une jeune veuve, tricote à côté du four-
neau. — Le garçon d'écurie graisse une scie. — La servante dispose
des assiettes sur la crédence. — Un étranger, arrivé dans la matinée,
après quelques heures de repos, a pris place devant une table. — Il
déplie une gazette et lit en mangeant. — A gauche, près de la
fenêtre, deux personnages de mine suspecte achèvent leur repas; l'un
s'appelle Hermann, l'autre Georges. Celui-ci a écarté le rideau ; on
aperçoit la chapelle de Saint-Florent et le Ringelsberg, dont le sommet est couronné par les ruines du Ringelstein. — La porte s'ouvre :
entre le garde forestier Richard.

RICHARD.

Bonsoir, madame Ottmann.

Mme OTTMANN.

C'est vous Rémois, bonsoir.

(Il dépose son fusil dans un coin et s'assied.)

GEORGES, *à voix basse.*

N'avale pas ainsi, l'appétit se limite
Chez les gens éduqués.

(Il vide son verre.)

Fi ! du vin de pressoir !

(La servante apporte une bouteille à Richard.)

Mme OTTMANN, *à ce dernier.*

Quelle nouvelle ?

RICHARD.

On vient d'assassiner l'ermite

Qui tout seul habitait, en face du Hohbarr,
La grotte de Saint-Witt.

Mme OTTMANN.

Ciel ! quel horrible crime !

Un homme si pieux !
(*Hermann, en buvant, est pris d'une toux, il tire de sa
 poche un foulard et laisse choir un chapelet que Georges
 ramasse sans être vu.*)

GEORGES.

Béotien, jobard !

Du nombre des humains veux-tu qu'on nous supprime ?

RICHARD.

En outre, deux coquins se seraient échappés

Des prisons de Strasbourg ; mais on est à leurs trousses.
                (Hermann et Georges tendent l'oreille.)

Mme OTTMANN.

Espérons que bientôt ils seront rattrapés.

RICHARD.

L'un des deux, le plus grand, a les moustaches rousses.

*(Hermann saisit des ciseaux sur la table, puis, à la dé-
    rôbée, coupe lestement ses moustaches et les fait dispa-
    raître.)*

GEORGES.

Que fais-tu ?

HERMANN.

Sacrebleu ! tu n'as pas entendu ?

RICHARD, *poursuivant.*

L'autre, ancien intendant...

GEORGES.

Hum ! quel individu !

RICHARD.

Porte les cheveux courts.

*(Georges s'empare vivement de la casquette de son cama-
    rade et l'enfonce sur sa tête.)*

HERMANN.

Un instant !.. ma casquette !

GEORGES.

Tais-toi ! Ventre-Saint-Gris ! ce jouvenceau caquette
Beaucoup.

(*Il fait un geste de menace.*)

HERMANN.

Déguerpissons.

GEORGES.

Ton Pylade y songeait ;
Ce serait imprudent....

(*Il lance un regard oblique sur le voyageur.*)

·Je caresse un projet :
Donc, rassieds-toi, Cinna, comme on dit au collège.

Mme OTTMANN.

Crime horrible !

RICHARD.

En effet.

Mme OTTMANN.

Doublé d'un sacrilège !

GEORGES A HERMANN.

Tu ne bois pas.

(*Il lui verse à pleins bords.*)

L'ÉTRANGER, *se levant.*

Garçon ! je pars dans un moment ;
Descendez ma valise et sellez ma jument.

Mme OTTMANN.

Attendez à demain, voici la nuit qui tombe,
Et... c'est le jour des Morts.

L'ÉTRANGER, *souriant.*

Sortent-ils de la tombe ?

Mme OTTMANN.

Il fait un vilain temps, les chemins sont mauvais.

L'ÉTRANGER.

Oberhaslach est loin de Schirmeck où je vais.

Mme OTTMANN.

On peut vous attaquer et vous n'avez point d'armes.

L'ÉTRANGER.

J'ai deux gardes du corps, deux beaux et braves chiens,
Puis, qui rencontrerai-je ? à moins que des gendarmes !
Schinderhannes est pris grâce aux Autrichiens.

Mᵐᵉ OTTMANN.

Dieu vous guide !... pourtant suivez toujours la route ;
Évitez le Nideck.

L'ÉTRANGER.

Un abîme sans doute ?

RICHARD.

C'est une tour carrée ouverte aux quatre vents,
Si vieille que ses murs fléchissent lorsqu'il tonne.
En la considérant, à coup sûr, on s'étonne
Qu'elle ait jadis servi de demeure aux vivants.
Elle est près d'un torrent que la pluie alimente,
Et qui se précipite en cascade écumante
D'un rocher de porphyre escarpé de cent pieds.
Ou peut voir le Schnéeberg quand on atteint la crête.
. Nombre de curieux se sont estropiés
En y grimpant.

LE GARÇON D'ÉCURIE, *survenant.*

Monsieur, votre monture est prête.

L'ÉTRANGER.

Je suis à vous.

(*à Richard.*)

Merci, Monsieur, je vous sais gré
De ces renseignements.... Veuillez faire mon compte.
(*Il tire de sa ceinture une bourse en cuir.*)

GEORGES.

Il a de l'or.

HERMANN.

De l'or !

GEORGES.

Allure d'émigré.

L'ÉTRANGER.

Sur ce donjon.... fameux est-ce que l'on raconte
Une histoire ?

Mme OTTMANN, *avec hésitation.*

Oh ! plusieurs... demandez au Rémois.

RICHARD.

N'étant dans ce pays que depuis quelques mois,
Je n'en connais aucune.

GEORGES, *à Hermann, en lui désignant la porte.*

Hop !

HERMANN.

Encore une croûte.

GEORGES.

Tu nous ferais coffrer pour un plat de choucroute.
N'ouvre pas une bouche aussi grande qu'un four ;

Hop !... nous l'accosterons au premier carrefour.

(*Cinq heures sonnent.*)

RICHARD.

Je rentre à l'Eichelberg.

Mme OTTMANN.

Votre ronde est finie ?

RICHARD.

A peu près.

(*Il ne reste plus dans la salle que Georges et Hermann.*)

GEORGES.

Avouons que sa bourse est garnie.

(*Un silence, il pince son compagnon*)

Il a de l'or !

HERMANN.

Eh bien ?

GEORGES.

Et nous n'en avons plus.

(*Il soulève le rideau : le voyageur a le pied dans l'étrier. —
Le garçon d'écurie, une lanterne à la main, tient par la
bride le cheval auquel Mme Ottmann donne un mor-
ceau de sucre. — La servante est à la fontaine. — Richard
descend la rue.*)

HERMANN.

De l'or !.. je ne veux pas.

GEORGES.

Ton cerveau se détraque.

HERMANN.

Mais les chiens ?

GEORGES.

Baliverne ! un bon coup de matraque...

HERMANN.

Non... non... ma conscience...

GEORGES, *lui emplissant son verre.*

Arguments superflus !

Il n'est de poids si lourd dont l'or ne vous allège.

(Hermann semble réfléchir.)

Nous avons des couteaux... et l'autre n'en a pas !

HERMANN.

Tu me tentes !

(On entend le trot d'un cheval. Hermann se dresse en titubant.)

GEORGES.

Farceur ! emboîte-moi le pas !...

Qu'il expire sous nous, comme on dit au collège.

HERMANN.

Et nous partagerons ?...

GEORGES.

Le tout loyalement !....
Tu ne comprends donc rien, caboche d'Allemand ?....
Moi, je le déshabille, et toi, tu le dissèques.

HERMANN.

Il faudra fuir bien loin.

GEORGES.

De l'or ! c'est le Pérou !

HERMANN.

Nous serons obligés de lui creuser un trou.

GEORGES.

Les corbeaux d'alentour se chargent des obsèques.

LA MAISON FORESTIÈRE DE L'EICHELBERG.

Le brigadier Wéber, sa fille Catherine et son gendre Richard ont ter-
miné le souper. — Wéber et Richard allument leurs pipes. Catherine
prend son rouet.

WÉBER.

La terre, lorsqu'on donne un souvenir aux morts,
Pour eux est plus légère, et pour nous moins ingrate.

RICHARD.

Nous reposerons donc sans crainte et sans remords,
Tous trois.

CATHERINE.
Tous trois, ainsi que notre mère.
(*Un silence.*)

CATHERINE.

On gratte

Sous la porte.

RICHARD.
Ma foi ! probablement un loup...

WÉBER.

Laisse ta poire à poudre et ton fusil au clou :
Virich va cette nuit parcourir la contrée ;

Mets bien les deux loquets, car s'il entrait ici,
Ce serait fait de nous et de notre âme aussi.
Quand les dogues poilus qu'il mène à la curée
Aboîront, vous prîrez pour les impénitents,
Même pour lui.

CATHERINE.

Jamais à la veillée on n'ose
En parler.

RICHARD.

Quel est-il ?

WÉBER.

Une effrayante chose.
Voilà trois cent quarante ou trois cent cinquante ans,
Le comte de Nideck, cœur méchant, homme impie,
Commit le jour des Morts un crime qu'il expie.
Des juifs et des marchands il était la terreur,
Et les gibets de loin signalaient son domaine.
L'audace d'un brigand, l'orgueil d'un empereur :
Il s'appelait Virich. Depuis une semaine,
Son père n'était plus, et, sous le marbre noir,
Dormait du lourd sommeil au caveau funéraire.
Ce jour-là, c'était fête au sinistre manoir !
C'était fête !... Virich, afin de se distraire,
Avait à ses amis fait un royal accueil :

Les fûts cerclés de fer insultaient au cercueil.
Les convives étaient jeunes, fougueux et braves ;
Hugo de Birkenfels, Conrad de Lichtenberg,
Otton de Fleckenstein et vingt autres burgraves
Avaient pour le velours échangé le haubert,
Et leurs armes pendaient aux tentures de soie.
Comme ces éperviers poussaient des cris de joie !
Que Virich était fier en leur montrant son nid !
Quelle ignoble gaîté !... mais le ciel l'a puni.
Un glas triste et plaintif montait dans la vallée
De la Hasel. Tandis qu'au village on priait,
Au Nideck on chantait, on dansait, on riait
Et l'on n'écoutait point cette voix désolée.
Les quartiers de chevreuil fumaient sur les plats d'or,
Les flacons se heurtaient sur la nappe rougie ;
— A boire ! et l'on buvait ! et l'on buvait encor !
Une fête ! allons donc ! non, c'était une orgie !
Il semblait qu'un démon présidât le banquet !
Tous les pieds trébuchaient, la terre leur manquait ;
Aux obscènes refrains, on mêlait des cantiques,
Et l'on faisait valser des femmes hérétiques.
Dans la salle voisine, archers, trabans, varlets,
Près des brocs renversés jouaient aux osselets.
Virich, sur le balcon, désignant les ténèbres,

Disait :

       « Entendez-vous les tintements funèbres ?..
« Bohémienne, emplis ma corne jusqu'aux bords
« De ce vin de Geisbourg !.. A la santé des morts !
« Allons ! trinque avec moi, baron de Fénestrange ! »

Son œil fauve luisait d'une façon étrange.
Sachez qu'il était borgne, et que nul ne forgeait
Un poignard mieux que lui. C'est, je crois, le sujet
Pour lequel on l'avait surnommé Polyphème.

« Tu brises ton hanap, Ribeaupierre ! et tu mords
« Honteusement l'arène !... A la santé des morts !...»

Ses hôtes répétaient l'effroyable blasphème.
L'un d'entre eux fit alors :

                 « Vous êtes tous mes pairs,
« Et je n'ai point regret des instants que je perds
« En votre compagnie !... or donc, je vous propose
« Un divertissement digne de nos anciens !
« Au diable les jongleurs et les musiciens !...
« Ils n'amusent qu'un temps !
                 Puis après une pause :

« Moi, seigneur de Plixbourg et comte Palatin,
« Dans les bois d'Œdenwald, j'ai suivi ce matin

« La piste d'un aurochs, c'est une énorme bête !
« On en viendrait à bout sans peine, en découplant
« Dix ou quinze limiers ! Vous concevez mon plan ?...
« Traquons-nous ce taureau pour compléter la fête ?

« — Oui, répondit Virich, à cheval !... nous mettrons
« En émoi le pays !... Les manants sont poltrons,
« Et plus d'un pensera : Doux Jésus ! le Cyclope
« Frappe sur son enclume ou bien Satan galope !...
« Qu'on détache les chiens ! qu'on lâche les gerfauts !
« Des haches, des épieux ! moi je prends une faux ;
« Ce gibier-là n'est pas d'une humeur pacifique !
« Une chasse aux flambeaux, ce sera magnifique !
« Nous sonnerons du cor ! »
                              Et tous en chœur hurlaient :
En chasse ! en chasse ! en chasse !
                              Et les voûtes tremblaient ;
Et lui vociférait :

                    « Entendez-vous les cloches ?...
« Nous sonnerons du cor sur le sommet des roches.
« L'animal est à nous en dépit du brouillard !.. »

Tout à coup, sur le seuil, apparut un vieillard ;
Sa prunelle était fixe et sa démarche raide.

« Taisez-vous, leur dit-il, vous m'avez réveillé,
« Plus de respect aux morts !... la lumière m'obsède !
« Qu'on me donne un pourpoint, je suis déguenillé ;
« Place auprès du foyer, car j'ai froid dans ma bière !
« Mon fils, je demandais une simple prière.... »

Il fut interrompu par un éclat moqueur :
« En chasse ! en chasse ! en chasse ! hurlèrent-ils en chœur.
Et Virich, ricanant, lui présenta sa coupe ;
Mais le spectre livide avança vers le groupe,
Et souffletant son fils au milieu des bandits,
Il s'écria trois fois : maudits ! maudits ! maudits !...

CATHERINE.

Cette histoire est terrible.

RICHARD.

Oui.

CATHERINE.

Quelles gens cyniques !

WÉBER.

Ils étaient tous partis du côté d'Engenthal.

CATHERINE.

Dessein abominable !...

WÉBER.

Et qui leur fut fatal ;
Ils ne revinrent point, ajoutent les chroniques
Du couvent d'Hoh-Andlau ; mais la nuit tous les ans
(Quand c'est le jour des Morts), fantômes malfaisants ,
Ces burgraves damnés, dont la face ruisselle,
De leur meute suivis, et rivés sur leur selle,
Sans jamais respirer sonnant à pleins poumons,
Avec un train d'enfer, franchissent vaux et monts ;
Et le vieillard, dit-on, debout sur les ruines,
Lorsque l'aube blanchit les clairières voisines,
Étend le bras vers eux... alors dans la forêt
Qui couvre l'Entzenberg la chasse disparaît.

CATHERINE.

Père, votre récit me glace d'épouvante !
Je ne dormirai pas tant j'ai peur.

RICHARD..

Le torrent
Du Nideck fait un bruit lugubre.

CATHERINE.

Comme il vente !

RICHARD.

La trompe !... Entendez-vous ?

WÉBER.

Invoquons saint Florent

Pour ceux qui sont dehors !

RICHARD.

Oui prions.

CATHERINE.

Quel vacarme !

(*La tempête souffle avec impétuosité. — Galop d'un cheval. —
Aboiements.*)

UNE VOIX.

A mon secours ! à mon secours !

RICHARD.

Un cri d'alarme.

(*Soudain la porte, violemment ébranlée, cède sous des efforts
désespérés. — Un homme couvert de boue, les vêtements en
lambeaux, tourne sur lui-même et s'affaisse.... Tous trois
se précipitent vers lui.*)

L'HOMME.

A l'assassin !

(*Il essaye de se dresser sur le coude et retombe.*)

WÉBER.

Du sang !

(*A Catherine.*)

Dégrafe son manteau.

RICHARD.

Ciel ! c'est le voyageur !

WÉBER.

Soulève un peu sa tête.

De l'huile... son cœur bat...

RICHARD.

Quatre coups de couteau !

CATHERINE, *déchirant du linge.*

Cours chez le médecin d'Oberhaslach.

WÉBER.

Arrête !

(*Le moribond a fait un soubresaut et ne bouge plus. —
Hermann, criblé de blessures, s'est traîné jusqu'au seuil
entre-baîllé.*)

CATHERINE, *affolée à son aspect.*

Ah ! nous sommes sans doute en proie au cauchemar !
Seigneur Dieu !

HERMANN.

La crapule, il m'a crevé la panse
Et file avec le sac !... voilà ma récompense.....
Ouf ! ma pauvre tripaille ! une goutte de marc !
(Richard effaré lui tend une gourde.)
Ça réchauffe !.... merci !.... la baraque du garde !
(Apercevant le cadavre).
L'autre!... volés tous deux ! Oh ! comme il me regarde !
Ce n'est pas moi ! C'est lui qui m'a forcé la main !
(Il recule terrifié et pousse un dernier hoquet.)
(Consternation. Long silence.)

WÉBER, *s'agenouillant.*

Virich le fils maudit était sur leur chemin.

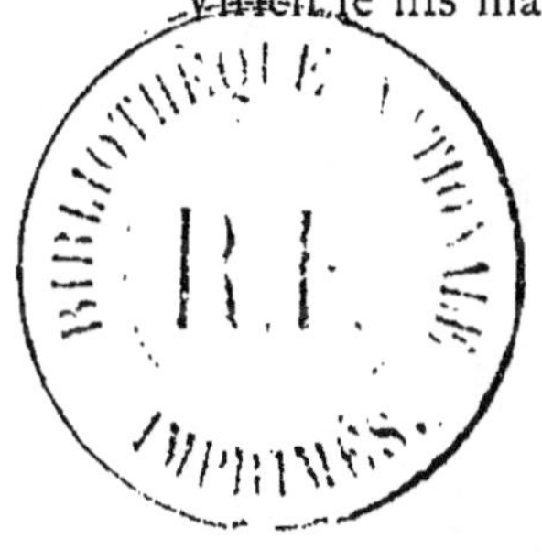

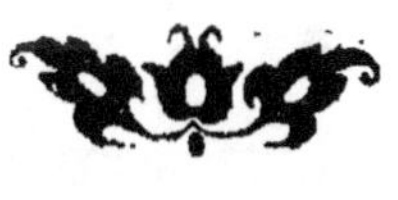